SOCIAL MEDIA MARKETING

Sommario

CAPITOLO 1

Il ruolo dell'Influencer: come è cambiato il marketing

Negli ultimi anni internet ha cambiato il modo in cui si interagisce con i familiari, gli amici, i conoscenti e le aziende. La vita digitale è diventata immancabile per moltissime persone. Poco alla volta anche le aziende hanno cominciato a capire che per raggiungere più efficacemente il pubblico si può usare la rete e in particolare i social network. Ad oggi la maggior parte delle società investe nel web marketing perché il ritorno d'investimento è superiore al tradizionale marketing, cioè gli annunci radiofonici, televisivi, gli annunci sui giornali, la cartellonistica su strada, e tanto altro. La differenza è evidente perché il messaggio riesce a giungere direttamente al pubblico interessato e questo è possibile grazie alla figura dell'influencer. L'Influencer è una persona in grado di influenzare i potenziali clienti di alcuni servizi o prodotti mediante l'espressione di pensieri in brevi messaggi di testo o video più o meno lunghi. Prima di loro una società poteva fare affidamento sul testimonial: un personaggio famoso o un consumatore tipo che aumenta la popolarità di un prodotto associando ad esso la sua immagine e comparendo nelle pubblicità.

Recentemente l'Università E-Campus ha introdotto un percorso di studio di "Influencer" all'interno della Laurea Triennale in Scienze della Comunicazione, proprio per avvicinare la richiesta delle aziende alle aspirazioni dei giovani. Ma c'è la possibilità di cimentarsi in questa attività anche senza titolo universitario, come hanno fatto tanti altri blogger o content creator italiani e stranieri.

Per prima cosa, per poter influenzare le scelte d'acquisto dei clienti, si deve poter arrivare a migliaia se non milioni di persone grazie ad un numeroso seguito su una o più piattaforme social, arrivando ad essere una figura di riferimento: l'Influencer. I followers devono però essere reali sui profili, non devono essere profili fasulli o "like comprati", altrimenti nessuna azienda vorrà investire su un Influencer che non ha interazioni rilevanti.

Per poter trasformare la passione per i social e il desiderio di emergere in un lavoro retribuito serve determinazione, pazienza e la conoscenza approfondita dei canali di comunicazione. Accanto ai più famosi Facebook, Instagram, Tik Tok, Twitter, YouTube, LinkedIn che affronteremo in questo volume, troviamo anche altri altrettanto interessanti come Pinterest, il social network di condivisione d'idee, Telegram, il servizio di messaggistica istantanea, Tumblr, il social network che consente di creare un blog per contenuti multimediali, e tanti altri.

Si deve poi compiere una scelta oculata riguardo la direzione da prendere: bisogna scegliere un settore o un argomento specifico, come moda, viaggi, cibo, libri, prodotti di bellezza, vacanze di lusso, ecc. e cercare di spiccare in quello. Questo significa diventare esperti in quell'argomento, prima informandosi accuratamente e poi trasmettendo queste informazioni a chi legge i post. Se l'argomento piace all'Influencer, sarà più facile coinvolgere il pubblico, perché qualunque sia il mezzo scelto per comunicare con gli altri utenti dei social, la passione per un argomento si sente. Non è facile mentire sulle proprie abitudini e sulle proprie opinioni, o perlomeno non lo si può fare a lungo. Se una persona qualunque sceglie di fidarsi dell'opinione di un Influencer, quale che sia l'argomento di cui discute, è perché percepisce in ogni post la sincerità, la passione e la serietà di chi scrive. Ecco perché nella scelta iniziale bisogna tener conto anche delle proprie preferenze: sarà impossibile creare contributi interessanti su di un argomento che non si conosce e forse non piace.

Identificare il pubblico a cui ci si vuole rivolgere è un altro passo importante sia per la scelta del linguaggio che si adotterà nelle comunicazioni che per i prodotti che si andranno a consigliare o recensire. Recensire una crema idratante per un target intorno ai 20 anni prevede degli accorgimenti diversi da quelli che si devono applicare per un pubblico di donne di 50 anni e anche il lessico da usare è diverso.

Ci sono molte caratteristiche comuni ai diversi social e una volta capito il funzionamento si possono applicare in più di un social.

Il termine più usato in ogni social è "follower", ogni persona che per qualche motivo ha deciso di seguire un altro utente, mantenendosi costantemente aggiornato sulle sue pubblicazioni, sui prodotti che usa, sugli eventi a cui partecipa, su quello che pensa di persone o fatti. I following invece indicano le persone seguite. A volte seguire molte persone, tra cui altri influencer, può portare a far crescere la propria attività quanto interagire con i followers, questo accade perché un follower che segue una personaggio di riferimento potrebbe vedere tra i commenti o gli amici di questo un'Influencer che tratta gli stessi argomenti e decidere di seguirlo, ma avviene anche che una società che già lavora con un content creator possa interessarsi ad altri, oppure l'Influencer può trovare ispirazione nei contenuti di un suo collega e vedere sulla pagina di questo un evento a cui vorrebbe partecipare o che vorrebbe consigliare ai propri seguaci.

Un hashtag è una parola preceduta dal cancelletto (#) che funziona come un collegamento ipertestuale, caratterizzando e classificando uno specifico argomento. Il termine è formato dal cancelletto, che in inglese è hash, e una serie di parole etichetta, che in inglese è tag. La funzione è appunto quella di permettere all'utente di eseguire una ricerca su un determinato argomento. Nella costruzione di un hashtag non si possono inserire spazi per cui se è formato da più parole sarà necessario separarle mediante l'uso delle maiuscole. Si possono usare i numeri ma non i caratteri speciali e neppure i segni di punteggiatura.

L'hashtag deve essere pertinente, utilizzato fuori contesto dà un'impressione di poca coerenza. Deve essere popolare, perché se molte persone usano la stessa parola per identificare i loro contenuti, ad ogni condivisione la visibilità sarà di molto aumentata. Può essere unico invece se si sta lanciando una nuova campagna e non la si vuole confondere con nessun altro contenuto, è addirittura possibile registrarlo come se fosse un brand e tutelarlo, in questo caso è utile che sia anche chiaro e facile da ricordare.

Le Storie sono gallerie di foto e video in sequenza, arricchite da scritte, filtri, immagini, sondaggi, musica ed effetti speciali. Permettono di raccontare un momento della propria giornata mediante immagini e musica, di condividere link ad altri social network o blog, pubblicizzare concorsi o altri eventi interessanti. Trascorse 24 ore dalla pubblicazione non saranno più visibili, tranne per quegli utenti che hanno effettuato il salvataggio. Tra le funzioni disponibili per arricchire queste comunicazioni troviamo ad esempio la possibilità di inserire un testo in diversi caratteri su sfondi colorati o su foto sfumate, oltre allo scintillio e infiniti effetti 3D, come oggetti giustapposti anche creati dall'utente stesso. La funzione "In Diretta" permette di registrare dei video da inserire nelle storie a cui si possono aggiungere uno scintillio diffuso e numerosi oggetti.

Il tag richiama l'attenzione di un amico sul contenuto pubblicato perché associa il nome della persona alla foto o video, funzionando come una marchiatura. In alternativa classifica il contenuto dell'oggetto in questione in maniera informale per renderne più agevole la ricerca.

La "bio", cioè la biografia, rappresenta insieme alla foto del profilo la presentazione che l'utente dà agli altri. Nel caso specifico di Twitter ha un numero massimo di caratteri, deve essere scritta con attenzione in quanto compare nei risultati di ricerca generale di Google. Deve essere accurata, semplice, contenere tutti i dati di contatto, utilizzare un linguaggio adatto al target di riferimento e può contenere link ad altri siti o profili social. Nel caso di Instagram è l'unico spazio in cui è concesso inserire un collegamento esterno. È utile anche per promuovere l'hashtag di un brand o di un contest in corso e può essere arricchita da Emoticons.

In Italia non esiste ancora un inquadramento normativo definito, pur essendo un lavoro a tutti gli effetti che implica quotidianamente programmazione, strategia, creatività: deve creare video, fotografare, proporre quiz e citazioni, creare contenuti e pubblicarli nei giorni e ore prestabiliti, seguire i social, analizzare i dati di condivisione, interagire con i seguaci, moderare i discorsi, mantenere la propria reputazione, seguire il progetto stabilito.

Nei prossimi capitoli vedremo il funzionamento delle maggiori piattaforme social e le regole basilari degli algoritmi che utilizzano. Se si seguono gli accorgimenti giusti sarà possibile prima creare un numeroso seguito e successivamente usare la propria popolarità per ricavare dei guadagni.

CAPITOLO 2

Conosciamo i social: Instagram

Instagram è un social network in cui possono essere condivisi foto e video.

Inizialmente era stata progettata per effettuare check-in e prenotazioni, ma ben presto si orientò verso le foto scattate da cellulare. Venne lanciato nell'ottobre 2010 solo per iOS, arrivando in pochi mesi al milione di utenti, per poi passare col tempo ad una versione fruibile da qualunque supporto.

L'utente crea un profilo personale in cui le foto e i video scorrono come in un album e il follower può vedere tutte insieme in ordine cronologico. Le foto scattate dall'utente possono essere modificate mediante l'uso dei seguenti filtri: 1977, che rende i colori tendenti al rosa, più luminosi e dai contorni sbiaditi; Amaro, dal contrasto leggero che si focalizza sui toni pallidi; Brannan, dai colori verdi e grigi; Earlybird, che restituisce un'immagine stinta e sfocata concentrata sui toni color crema e sabbia; Hefe, dal colore classico e immagine dominata dai toni oro e giallo; Hudson, con l'impressione che assomigli ad una vignetta e dai colori bluastri; Inkwell, che offre un filtro bianco e nero ed elevato contrasto, Kelvin, che riproduce una fotografia stile retrò con bordo sfilacciato; Lo-fi, leggermente sfocato e che satura i gialli e i verdi; Mayfair, dal colore rosa e dall'aspetto simile ad una vignetta; Nashville, che aggiunge un bordo e regala un colorito blu e rosso; Rise, con luce calda e leggera; Sierra, anche questo un filtro caldo e luminoso; Sutro, che aggiunge un effetto seppia ed enfatizza i rossi e i gialli; Toaster, sfocato; Valencia, che aumenta molto il contrasto; Walden, dai colori attenuati; Willow, dall'effetto bianco e nero; X-Pro II, dai colori caldi e saturi; Slumber; con focus sui colori nero e blu; Aden, che accentua il blu e il verde; Perpetua, che dona un aspetto pastello; Claredon, che aumenta le ombre, Stinson, per illuminare, Reyes, che regala un aspetto vintage, Juno, che illumina bianchi e colori caldi, e molti altri.

I post dei following, coloro che l'utente sceglie di seguire, compariranno nella home di Instagram ed è possibile commentali ed esprimere i "like".

Dal 2013 in Instagram si possono condividere video di 15 secondi, poi aumentati fino a 60 secondi. Oggi sono presenti anche gli album, che permettono di condividere in ogni post fino a 10 minuti di video.

Il video può anche essere creato direttamente sulla piattaforma grazie alla funzione "Reels", una risposta della società al gran successo del concorrente Tik Tok. Questa funzione permette di aggiungere alla registrazione alcuni effetti di realtà aumentata e un audio che può esser scelto dalla libreria musicale di Instagram o anche originale, cioè creata sul momento dall'autore del post. Se l'account è pubblico, gli altri utenti in seguito potranno usare nei loro video l'audio creato dall'utente pubblico. Sono anche presenti in Reels il cronometro, il conto alla rovescia, e altre funzioni come la regolazione della velocità e l'allineamento automatico dei soggetti. Una volta creato il breve video, anche mediante la giustapposizione di clip, si può aggiungere la copertina, gli hashtag, i tag degli amici e condividerlo. Se ben fatti, possono comparire nei risultati di ricerca di chi ha immesso come parola chiave la canzone di sottofondo o l'effetto speciale.

Per poter essere più visibile possibile, occorre passare da un profilo privato a un profilo pubblico, in modo da poter anche attivare tutte le funzionalità aggiuntive.

Quando si inserisce un hashtag nella didascalia della foto pubblicata, chiunque lo cliccherà verrà reindirizzato ad una pagina che raccoglie tutte le immagini che riportano lo stesso hashtag. In questo modo si può creare un seguito di persone con gli stessi interessi.

Una funzione simile è data dall'opzione "Aggiungi luogo": se si attiva la posizione del dispositivo, la foto viene collegata al luogo in cui è stata scattata (come ad esempio un parco, una discoteca, una piazza, un ristorante, la casa di un amico) e comparirà insieme a tutte le altre foto scattate in quel luogo. Così facendo si può far arrivare la propria foto ad un numero maggiore di utenti, poiché Instagram mostra post simili alle preferenze di un utente quando questo accede alla sezione "Esplora". In questa sezione si possono cercare persone, luoghi e hashtag, ma tra i risultati vengono mostrate anche foto di utenti non ancora seguiti. Ad esempio, se la foto è stata scattata durante il compleanno di un amico, comparirà nei risultati di tutti i partecipanti che hanno pubblicato una foto di quel compleanno.

Su Instagram si può usare il tag per condividere quanto pubblicato con amici che hanno un profilo attivo: in questo modo si aumenta la visibilità in quanto il tag si può aggiungere alle foto, ai commenti e alle storie.

Nel programma è presente una chat interna a

cui si accede mediante l'icona dell'aeroplanino di carta. I Direct, cioè i messaggi privati, possono comprendere anche foto condivise da altri profili.

Altro canale di comunicazione è la tv di Instagram: IGTV. Questa sezione permette di caricare video di durata maggiore, fino a 10 minuti per utenti normali o principianti, fino ad un'ora per quegli utenti che hanno già un numeroso seguito o un account verificato. Anche questi video devono seguire le linee guida per la community del sito, ma in più non devono superare la dimensione massima di 650 Mb per i video brevi, i 5,4 Gb per quelli più lunghi e rispettare il formato verticale. Per cominciare a postare attraverso IGTV bisogna prima creare un canale personale direttamente dall'app e poi si può caricare un video da cellulare o, per i video più pesanti, da pc. Ogni video potrà poi catturare visualizzazioni, like, commenti ed essere condiviso come gli altri contenuti pubblicati.

Il miglior modo di far circolare le proprie foto è taggare oltre agli amici anche eventuali artisti, stilisti, brand compresi nelle foto: ad esempio lo stilista dei vestiti che si stanno indossando, il musicista che sta suonando la canzone al concerto o il presentatore dell'evento. Per quanto riguarda gli hashtag è importante ricordare che il massimo consentito in ogni foto è di 30 e vanno quindi scelti con cura.

L'algoritmo di Instagram premia gli account che interagiscono con i propri follower, è necessario quindi rispondere subito a tutti i commenti e commentare le foto altrui, così ogni nuovo utente sarà curioso di conoscere e visitare il profilo.

Quando si prepara una storia, bisogna tener conto che chi la guarderà starà probabilmente usando uno smartphone, quindi è meglio se le clip che la compongono sono verticali. Dovendo scegliere un soggetto, le riprese del viso o comunque di una persona sono preferite rispetto ai paesaggi.

È possibile anche controllare chi ha visualizzato le storie, ma l'elenco in ordine cronologico è disponibile solo nelle 24 ore di attività della storia. Diversamente dalle foto, i commenti alle storie non sono pubblici, ma vengono recapitati come messaggio diretto all'utente che la pubblica. L'Influencer deve quindi controllare i messaggi e rispondere ai commenti per non perdere mai la fiducia dei seguaci.

Queste che sono state presentate sono le funzioni maggiormente utilizzate nel sito ma il modo migliore per avere dimestichezza con la piattaforma è ritagliarsi del tempo all'inizio per esplorarlo e controllare la concorrenza.

CAPITOLO 3

Conosciamo i social: Facebook

Facebook è il social network più diffuso, il suo servizio permette di mettere in contatto persone, stabilire nuove conoscenze, condividere notizie, video, foto, contenuti, scambiare messaggi istantanei, organizzare eventi, proporre sondaggi e tanto altro. Si può utilizzare anche la funzione Note, che permette agli utenti di pubblicare scritti o articoli proprio come se fosse un blog. Dal 2007 è presente il Marketplace, una funzione di pubblicazione di annunci che soltanto gli utenti che fanno parte della stessa rete possono vedere. Nel 2011 è stato attivato anche la funzione "chiamate vocali" che, grazie alla tecnologia Skype, permette di effettuare videochiamate. Eventualmente è anche possibile lasciare messaggi nella segreteria dell'utente che si cerca. Ciò che attira molti giovani in Facebook sono anche i numerosi videogiochi gratuiti. Una particolarità di questa piattaforma sta nella possibilità di visualizzare o condividere foto sferiche: ovviamente per fare ciò la foto deve rispondere a precisi requisiti riguardanti il formato e il software della telecamera.

Facebook è stato lanciato nel 2004 e in origine era stato progettato per gli studenti universitari di Harvard, in seguito poté essere utilizzato anche dagli altri studenti universitari, fino ad aprire a tutti gli utenti che avessero compiuto 13 anni. Il nome deriva dal libro con nome e fotografia degli studenti che viene consegnata agli studenti all'inizio dell'anno accademico per aiutarli a socializzare.

Per cominciare si deve aprire un profilo personale, da quel punto per sfruttare al meglio tutte le funzionalità utili allo scopo di fare marketing, occorrerà creare una pagina.

La pagina è un servizio di Facebook gratuito o con servizi aggiuntivi a pagamento, che serve a pubblicizzare le imprese, i luoghi, le aziende, le organizzazioni, le istituzioni, i marchi o i prodotti, gli artisti, i gruppi, i personaggi pubblici, gli eventi di intrattenimento e le comunità. In fase di apertura l'utente sceglierà all'interno delle macro-categorie sopra descritte le categorie di interesse.

La pagina è utilizzabile da aziende, da enti, da lavoratori autonomi come gli Influencer, le associazioni e le organizzazioni in genere per ogni attività di promozione di impresa, prodotti o servizi o per finalità pubblica. Dato che il regolamento di Facebook vieta di utilizzare un profilo per scopi commerciali, vengono regolarmente chiusi profili utilizzati fraudolentemente come pagine. Ecco perché l'Influencer deve aprire una nuova pagina o convertire il profilo personale in pagina.

Grazie alla pagina è possibile informare i clienti e fare pubblicità diretta attraverso la funzione "inserzioni". Per il monitoraggio degli obiettivi dell'inserzione e del budget è conveniente utilizzare lo strumento "Business manager", con cui si possono creare diversi account pubblicitari e avere la reportistica da analizzare.

Il modo più rapido per iscriversi è utilizzare il link "Crea una Pagina". Dato che è obbligatorio avere un profilo personale per poter aprire una pagina, Facebook offre la possibilità di renderlo invisibile e non utilizzarlo realmente, poiché la sua unica funzione è quella di "appoggiare" la pagina pubblica. Inoltre, la pagina deve avere uno o più amministratori, purché il primo sia coincidente con l'account del creatore della pagina, e gli amministratori possono designare altri utenti per dei ruoli legati alla gestione della pagina, come ad esempio editor, analista, moderatore, o inserzionista.

Oltre che mediante l'operazione appena descritta da parte di un utente, la pagina Facebook potrebbe generarsi automaticamente come "non ufficiale" quando una qualunque persona iscritta a Facebook, ad esempio, si registra in un luogo e posta commenti o recensioni su un'attività che non ha ancora una pagina e pertanto ne viene creata una dal sistema, anche se sprovvista di amministratori, che rappresenta quel luogo. Il titolare può rivendicare tale pagina automatica e, in alcuni casi, conservarne i contenuti.

L'algoritmo di Facebook è molto complesso e tende a evolversi nel tempo, così avere un gran numero di amici non assicura un gran seguito, in quanto non è certo quanti di loro vedranno nella sezione notizie i contenuti pubblicati. Per dare visibilità ai propri contenuti è molto più utile interagire con altre persone o pagine.

Va segnalato inoltre che l'algoritmo penalizza i contenuti che invitano a lasciare la pagina, come ad esempio link a video su YouTube o al blog personale, quindi pur suscitando immediato interesse negli amici, il contenuto verrà presto scavalcato da altri nella sezione notizie.

Il primo biglietto da visita è la foto del profilo che deve mostrare l'influencer al meglio. Per spiccare si deve anche inserire una foto di copertina, in armonia con la foto profilo. Come per ogni foto, deve essere nitida e ben illuminata.

I post pubblicati devono essere ben ponderati, se si pubblica troppo senza scopo si finirà per annoiare il pubblico, è meglio quindi predisporre un piano editoriale e continuare a pubblicare contenuti costantemente.

L'iscrizione a gruppi con medesimi interessi aiuta a raggiungere un pubblico maggiore.

L'orario migliore per postare un contenuto è il pomeriggio infrasettimanale ed in particolare tra dopo le 18.00: a quell'ora la maggior parte delle persone esce dal lavoro e per rilassarsi dà un'occhiata a Facebook.

Per invogliare gli utenti a seguire la propria pagina bisogna creare post efficaci: concisi, mai più di 50 parole, utilizzando spesso emoji sia nel testo che nei commenti, senza esagerare con gli hashtag.

Una volta ottenuto un discreto seguito, l'affiliazione, cioè proporre un servizio o un prodotto che riconosce una commissione in caso di vendita, è il metodo migliore per cominciare a guadagnare. L'algoritmo di Facebook però non è favorevole a questo tipo di pubblicità, quindi il link al prodotto va inserito in un blog esterno e non direttamente all'interno del post. Una buona soluzione può essere fornire delle recensioni e creare video tutorial che terminano con l'invito a seguire un blog esterno in cui sarà presente il link al prodotto, oppure inserirle all'interno di una storia.

Nelle storie è facilissimo inserire clip con "swipe up", che permettono all'utente, mentre guarda la storia, grazie ad un movimento del dito verso l'alto, di essere reindirizzati alla pagina desiderata, che sia sul sito di e-commerce preferito o sul sito dell'azienda, per poter acquistare immediatamente il prodotto. Dato che le storie durano 24 ore è più facile che i followers trovino questo link e lo seguano. Sempre nelle storie si può inserire una clip con un codice sconto che permette di comprare un prodotto che l'Influencer sta mostrando.

Facebook rappresenta uno dei primi social che ha cominciato a circolare nel nostro paese, quindi tuttora una grande percentuale della popolazione è iscritta e la usa abitualmente. Privatamente è stata molto utilizzata con la funzione di "ritrovare" vecchi amici di cui magari col tempo si erano persi i contatti e come rampa di lancio per Influencer raccoglie le pagine di un gran numero di aziende e marchi.

CAPITOLO 4

Conosciamo i social: Tik Tok

Tik Tok è un social network in cui si possono condividere video musicali di breve durata, danze, commedie, sincronizzazione labiale e in generale video in cui si fa mostra dei propri talenti.

La prima versione è stata lanciata nel 2014 col nome musical.ly e puntava a formare un social network per adolescenti. La piattaforma ha poi lanciato pochi anni dopo una seconda piattaforma per la visione streaming di video. Cambiò poi il nome in Tik Tok e ad oggi ha più di un miliardo di utenti in tutto il mondo.

L'obiettivo principale della piattaforma è essere la prima per tempo medio di permanenza e per interazioni. Per ottenere questo risultato utilizza un algoritmo che mostra certi contenuti ad un determinato pubblico, per invogliare gli utenti a restare il più possibile all'interno dell'applicazione. Quindi, ancor prima di cominciare a girare video, bisogna decidere a quale target rivolgersi. Chi intende essere il più possibile visibile e vuole che i suoi video vengano condivisi da migliaia di persone, deve sapere a chi intende rivolgersi.

L'algoritmo che sta alla base di Tik Tok impiega 24 ore ad analizzare i dati degli utenti, quindi al principio è meglio caricare al massimo due video al giorno, per dare modo al programma di lavorare correttamente. Per controllare le statistiche occorre attivare l'account PRO. Passate le prime 3 settimane, sarà possibile valutare correttamente la risposta del pubblico: le condivisioni, i like, il tempo medio di visualizzazioni, quante volte una persona ha guardato lo stesso video, da quale posizione e quando. Se la risposta è in linea con il proprio obiettivo, si può anche tentare di proporre nuovi formati poco alla volta.

Dato che l'algoritmo premia i video che hanno ottenuto più visualizzazioni dalla stessa persona, all'inizio bisogna pubblicare video di

25 secondi al massimo. Inoltre, non bisogna usare gli hashtag #perte o #foryou nei primi tempi, si rischia di finire in una sezione frequentata da persone fuori target.

Per ottenere più "mi piace" è utile inserire didascalie ai video in cui si ricorda all'utente di cliccare il like.

I commenti sono fondamentali per la visibilità sul sito: bisogna rispondere sempre, perché si aumenta il numero dei commenti; si deve mettere il "like" ai commenti di utenti con profilo simile; le risposte devono contenere possibilmente domande per creare nuove risposte o discussioni; si possono inserire tag per animare il dialogo. Il video con molti commenti incuriosisce l'utente, che vorrà scorrerli, rimanendo così più a lungo all'interno della visualizzazione del video.

Man mano che le settimane passano bisogna monitorare i dati in "Pubblico": permette di controllare l'attività degli utenti e se sono in linea con il target prescelto.

Una cosa importante da ricordare è che l'algoritmo inibisce i video che presentano particolari caratteristiche: violenti, con azioni pericolose se replicate, creati da minori di 13 anni, con luminosità tale da non far riconoscere i volti. Se si usa la fotocamera Tik Tok il programma applica meno restrizioni.

Altri importanti comportamenti da evitare sono: pubblicare video con filigrana, senza uno scopo, applicare la tecnica follow/unfollow (smettere di seguire una persona non appena seguita), seguire tutti gli utenti e commentare tutti i video indipendentemente dall'argomento, usare parole bannate nelle didascalie, chiedere tramite messaggio ad altri utenti di scambiarsi like o follower. Se si ripropone un video già pubblicato da un altro utente, bisogna utilizzare un altro sottofondo musicale, magari scegliendolo tra quelli proposti da Tik Tok.

Bisogna invece concentrarsi sulle richieste del proprio target e pubblicare video interessanti, mai uguali, negli orari in cui il proprio pubblico è più attivo. Nel caso di pubblico proveniente da altri paesi, è consigliabile monitorare il fuso orario locale per non sbagliare.

Se si sceglie un pubblico italiano, si deve usare la lingua italiana, in quanto l'algoritmo mostra i contenuti nella stessa area geografica. Solo utilizzando hashtag in altre lingue si può raggiungere un pubblico di altre aree.

Dato che l'algoritmo ritiene importante un video che viene visualizzato anche oltre la sua durata, si possono utilizzare alcuni accorgimenti per non far staccare l'utente dal proprio video o obbligarlo a rivederlo.

Il loop, mediante una musica senza fine e immagini finali che riprendono quelle iniziali del video, crea l'aspettativa che stia per succedere altro, mentre in effetti il video finisce. Anche inserire indovinelli fa sì che l'utente desideri riguardare il video per trovare la soluzione, oppure mostrare un trucco di magia.

La musica, anche solo in leggero sottofondo, è sempre consigliabile, perché il video può essere ricercato anche grazie al titolo della canzone, quindi crea maggiori possibilità di esser visto.

Nel nostro paese Tik Tok ha avuto un grande successo tra i giovanissimi, che in genere lo preferiscono ad altri canali social, quindi sarà più facile per chi punta su questo canale essere seguito da un target molto giovane.

CAPITOLO 5

Conosciamo i social: Twitter

Twitter è un social network in cui si possono comunicare brevi notizie, pensieri, foto, video e articoli vari.

La società che lo gestisce è stata creata in California nel 2007 e l'idea originale prevedeva di lanciare una piattaforma di creazione e gestione dei podcast, cioè file audio posizionato su un server, scaricabile mediante un elaboratore come computer, lettore mp3 o smartphone, e ascoltabile dall'utente che lo ha cercato. Il funzionamento sarebbe stato simile ad una casella vocale, ma Apple proprio in quel periodo stava lanciando una nuova versione di iTunes che di fatto avrebbe svolto la stessa funzione dell'originaria piattaforma Twitter. Dovendo trovare un modo per distinguersi, si decise di puntare su di un servizio che, invece di gestire i file audio, desse la possibilità agli utenti di scambiare messaggi scritti.

Il primo nome scelto per la piattaforma fu

"Twttr", ma ben presto venne sostituita da "Twitter" che può significare sia la parola onomatopeica che distingue il cinguettio degli uccelli, sia "una breve raffica di informazioni irrilevanti" (Jack Dorsey).

Il testo del tweet può essere lungo al massimo 280 caratteri spazi inclusi. Una volta pubblicato il messaggio non può essere modificato ma soltanto eliminato. Per alcuni account sono disponibili anche dei Tweet sponsorizzati.

Si possono vedere i tweet di ogni utente, anche delle persone non seguite, e allo stesso modo si possono mandare messaggi privati ad ogni utente di Twitter. I messaggi, al contrario dei tweet, non hanno limiti di caratteri e possono contenere come allegato un contenuto audio/video o tweet condivisi.

Su questa piattaforma è presente una sezione "tendenze" che riporta gli argomenti e gli eventi che sono maggiormente discussi, in costante aggiornamento. Basta cliccare su di una tendenza per poter leggere tutti i tweet che la trattano e i relativi commenti. Questa funzione si differenzia dall'uso degli hashtag in quanto nelle tendenze possono essere presenti anche delle frasi con hashtag, ma non è detto che tutti gli hashtag diventino una tendenza.

Una importante differenza rispetto ad altri social sta nel fatto che non c'è distinzione tra i profili personali e quelli aziendali.

Questo social ha mostrato alcune criticità nel tempo. Ad esempio, quando troppi tweet vengono pubblicati contemporaneamente si può verificare un sovraccarico della rete e un blocco della connessione. Questo è accaduto nel 2009, in occasione della morte di Michael Jackson, quando furono immessi in rete più di 456 tweet al secondo.

Diversamente da altri social, Twitter ha bisogno di un programma di pubblicazione più ricco, in cui si produce un contenuto al giorno, anche se molti pubblicano da 3 a 20 volte al giorno, a seconda degli obiettivi personali. Se non si hanno abbastanza argomenti per fare 15 tweet al giorno, si possono comunque sfruttare i retweet, cioè la proposta di un contenuto già pubblicato da un'autorità o un altro Influencer arricchito da un commento. Bisogna scegliere il momento migliore per pubblicare, che può essere diverso dall'orario in cui si pubblica su altri social. Analizzando le statistiche si è visto che nei giorni feriali il momento che offre la maggiore risposta è il mattino o il primo pomeriggio, quindi è preferibile pubblicare di più negli orari più frequentati e meno la sera quando il coinvolgimento del pubblico è minimo. Grazie all'aiuto di Buffer, uno strumento di pianificazione, i tweet vengono pubblicati in automatico ad orari prestabiliti. Il contenuto visivo aumenta l'attenzione e la curiosità del pubblico quindi è buona norma arricchire alcuni tweet con immagini e video.

Non bisogna mai dimenticare di utilizzare gli hashtag per rendere ricercabile il contenuto, ma è importante che sia pertinente al testo. Un'indagine dimostra che più aumenta il numero di hashtag e più aumenta la visibilità e più diminuisce il coinvolgimento, quindi all'inizio si possono usare molti hashtag per portare il messaggio al numero maggiore di utenti, poi quando i follower sono già abbastanza da formare una solida base si può diminuire gradualmente il numero di hashtag per invogliare il pubblico a partecipare maggiormente. Se poi si indirizza il pubblico del proprio blog a seguire il profilo Twitter con un link, allora il seguito crescerà sicuramente, infatti è probabile che chi segue un Influencer su di un social network desideri seguirlo anche altrove.

Per ottimizzare il profilo è utile scrivere il nome completo nella biografia affinché sia utenti che brand trovino facilmente l'Influencer. Inoltre, la foto d'intestazione può raffigurare il prossimo evento ed essere modificata ogni volta che si propone una nuova campagna. Se viene scritto anche un link al blog personale si potrà formare un flusso di follower che quotidianamente si collega ad entrambi gli account e migliorare così la visibilità.

Condivider è sempre la base della visibilità, ma a volte non si riesce a creare un tweet che gli utenti abbiano voglia di ritwittare, allora un trucchetto potrebbe essere quello di chiedere esplicitamente di ritwittare: si è visto che un gran numero di volte questa richiesta ottiene il risultato sperato.

CAPITOLO 6

Conosciamo i social: YouTube

YouTube è la piattaforma che permette di caricare filmati, diffonderli in internet, guardare video musicali e film in maniera gratuita. Non serve essere iscritti per guardare i video, ma è necessario per commentarli, mettere i like e in generale interagire con gli altri utenti.

La piattaforma è nata nel 2005 con lo scopo di condividere con amici e familiari i video dei propri viaggi che i creatori facevano, senza dover inviare ogni video singolarmente ad ogni destinatario. Sono bastati pochi anni per diventare la piattaforma di video sharing più utilizzata al mondo.

Una volta iscritti, si possono seguire i canali di interesse o i singoli utenti che caricano i loro video. Nella sezione "Tendenze" vengono visualizzati i video più visti del momento mentre nella sezione "Iscrizioni" sono raccolti i video caricati dai canali di interesse personale. Un

Influencer avrà quindi un proprio canale dove caricare i video e a cui gli altri utenti possono iscriversi.

Come per altri social è possibile condividere il link del video e lasciare un commento.

Per ottenere visibilità, l'Influencer deve far sì che molti utenti seguano il suo canale e questo significa innanzitutto caricare molti contenuti.

La frequenza ideale all'inizio è un video a settimana, in quanto se si pubblicano troppi video in poco tempo si rischia di intasare il canale e rendere difficile trovare il video desiderato da parte dei followers. Col passare del tempo l'Influencer avrà all'attivo sempre più video e quindi comparirà più spesso nei risultati di ricerca, aumentando così le visualizzazioni e i follower che seguono il canale. Bisogna creare una tabella di marcia per caricare i video a orari regolari nella settimana. È dimostrato che un canale poco curato è seguito meno di uno che pubblica contenuti con regolarità, per questo si può anche far sapere in anticipo ai followers quando sarà trasmesso il video successivo, l'aspettativa tiene vivo il legame tra Influencer e suoi seguaci.

I tag che contraddistinguono il video devono essere adatti ad esso, sia affinché compaiano più facilmente nelle ricerche, sia per evitare che una persona non interessata lo veda. Usare più tag può avvantaggiare in quanto a volte gli utenti eseguono ricerche di frasi.

Il titolo del video deve essere scelto con cura, più è dettagliato e più sarà visibile nelle ricerche. Anche la descrizione del video è molto importante: bisogna includere abbastanza parole chiave da farlo comparire nelle ricerche ma non troppe da rendere la descrizione illeggibile. Dato che nei risultati soltanto l'inizio della descrizione è visibile, bisogna cercare di renderla incisiva fin dalle prime parole.

Per creare un video incisivo bisogna prepararlo con cura, magari scrivendo una sceneggiatura o uno schema di discorso. Questo aiuta a non andare fuori tema durante la registrazione. Il tema deve seguire il progetto iniziale, per non perdere la preferenza dimostrata dai followers. L'inizio del filmato deve creare l'aspettativa giusta e catturare l'attenzione di chi guarda, alcune clip o presentazioni grafiche aiutano a presentare l'argomento. Deve essere di breve durata, massimo 15 secondi, per poi poter proceder con il contenuto vero e proprio. Se il video risulta molto lungo al termine, allora è consigliabile inserire piccoli stacchi per risvegliare l'attenzione e non far sì che l'utente cerchi qualcos'altro da guardare. Il finale del video deve contenere un'esortazione a compiere azioni: condividere il video, lasciare un commento, seguire il canale o mettere un mi piace. Come per altri social, più interazioni generano più visibilità, in un circolo che aumenta le possibilità di guadagno a lungo termine.

Per creare un video migliore dei milioni di video quotidianamente pubblicati in rete serve un'attenzione particolare all'editing. Non basta accendere la telecamera del telefono per spiccare, serve un programma per modificare filmati, scaricabili anche gratuitamente. Durante l'editing si riascolta il parlato, si può sistemare la traccia audio, tagliare i punti morti e aggiungere i titoli e i crediti. Anche le transizioni possono offrire un modo interessante per scorrere tra le immagini. Prestare particolare attenzione all'uso della telecamera: se si muove troppo può dare un senso di nausea. Bisogna conoscere a fondo lo strumento che si usa, a volte anche farsi aiutare con le riprese per i video più impegnativi.

Poiché per aver un seguito omogeneo si devono caricare contenuti di argomento coerente al progetto iniziale, se si vuole ampliare il pubblico inserendo contenuti di argomento diverso è meglio creare un nuovo canale. In questo modo non si perderà la fiducia dei followers interessati e si potrà esplorare un nuovo target. In seguito, si può anche condividere i link dei diversi canali, senza che il pubblico sia costretto a vedere video non di interesse.

Il lavoro non si ferma alla pubblicazione ma continua con le interazioni con i followers, oltre che rispondere ai commenti l'Influencer sarà moderatore dei vari discorsi, attento a cancellare i commenti volgari e mantenere i toni distesi. Seguire altri canali di contenuti simili ed interagire con i followers di questi aiuta a farsi conoscere e porta spesso ad essere seguiti anche dai produttori. L'importante è non intasare gli altri canali ed essere sempre rispettosi altrimenti si rischia di essere bloccati.

YouTube offre la possibilità di stipulare un accordo per ricevere un compenso direttamente proporzionale alle visualizzazioni. Le pubblicità infatti pagano per essere inserite nei video più cliccati, per cui anche chi produce un video di successo ha un guadagno. L'algoritmo che conta le visualizzazioni, per evitare che alcuni programmi falsifichino i dati, per le due ore successive alla pubblicazione procede a filtrare le visite, mentre in seguito aggiorna le visualizzazioni periodicamente e non in tempo reale. L'algoritmo tiene conto dell'indirizzo IPdi chi guarda il video, se ha fatto un accesso diretto e se è rimasto fermo sulla visione per almeno 40 secondi. Ecco perché se la stessa persona riguarda il video 10 volte probabilmente YouTube registrerà soltanto 1 visita, oppure se 1000 persone aprono il video ma lo lasciano dopo 3 secondi YouTube probabilmente non li considererà come visite valide. Anche in seguito, quando la visita è stata registrata, il programma effettua delle verifiche mediante algoritmi per accertare che corrispondano ad utenti reali che si sono interessati al video.

Il ruolo dell'Influencer è catturare l'attenzione di un target reale e canalizzare le loro scelte d'acquisto e di pensiero, quindi avere migliaia di finte visite al proprio canale non porta ad un reale guadagno.

Prima di cominciare a pubblicare è utile indagare su quali video piacciano al target di riferimento, inoltre potrebbe servire anche visitare i canali degli altri Influencer che trattano gli stessi argomenti. Curiosamente, i video in cui partecipano o sono protagonisti i nostri animali domestici hanno sempre un gran successo (purché non siano maltrattati ovviamente) tanto da diventare loro stessi richiesti quanto un vero Influencer.

CAPITOLO 7

Conosciamo i social: LinkedIn

Come per altri social su LinkedIn è possibile pubblicare testi, notizie, foto, video. Si possono anche condividere i contenuti pubblicati da altri utenti arricchendoli con un testo di presentazione, i link ad altri siti e creare eventi.

A differenza degli altri social network però LinkedIn è specializzato nella promozione di contatti lavorativi, mediante la pubblicazione del proprio curriculum vitae e offrendo numerosi servizi come motore di ricerca di offerte di lavoro e pubblicità di aziende. La società è stata fondata nel 2002 e già pochi anni dopo ha raggiunto il traguardo del milione di utenti e ad oggi nel mondo 690 milioni di persone utilizzano questa piattaforma.

Il profilo personale creato dall'utente al primo accesso è in effetti una vetrina per il mondo del lavoro, in quanto è il curriculum l'informazione che più ha rilevanza, contenente la foto personale, istruzione, formazione ed esperienze lavorative.

Le persone conosciute formano una rete di connessioni facilmente incrementabile mediante un invito che l'altro utente può accettare. Si possono inoltre seguire le aziende di interesse mediante la funzione "Segui" e salvare le offerte di lavoro di interesse.

Nel momento in cui l'utente installa l'app sul proprio telefono, questa chiede di poter accedere ai contatti e-mail presenti per poter spedire inviti a tutti indiscriminatamente. Questo può essere considerato controverso perché mandare inviti indiscriminati non aiuta a formare una rete di conoscenze solida, dato che negli indirizzi di posta sono presenti anche i contatti di persone o entità non interessate ad un rapporto di lavoro: sulla mail personale infatti arrivano ad esempio la bolletta del servizio di fornitura energetica, la comunicazione del calendario scolastico della scuola frequentata dal figlio, la newsletter del mobilificio in cui abbiamo acquistato la libreria, e tanti altri messaggi da utenti che non hanno alcuna necessità di entrare nella nostra rete di connessioni LinkedIn. Bisogna quini fare attenzione agli inviti che vengono spediti, in quanto se chi li riceve contrassegna come spam l'invito, questo si riflette sull'attività di chi l'ha mandato poiché il profilo potrebbe essere limitato o chiuso se le risposte "spam" fossero troppe.

Altri modi di interazioni sono la funzione "mi piace" che può essere lasciata ai post, le "congratulazioni" per eventi, promozioni o anniversari, i messaggi personali che si possono scambiare con gli altri utenti.

Questo social network è perfetto per mettersi in mostra come Influencer ed estendere la rete di contatti lavorativi, ma serve dedizione e tempo.

Poiché il curriculum vitae è la prima informazione che si dà al possibile datore di lavoro è necessario che sia completo in ogni sua parte, ben strutturato e accompagnato da una foto profilo seria. Se sugli altri social l'Influencer deve attirare l'attenzione di un certo target e porsi a loro in modo da rappresentare allo stesso tempo una guida e una persona appartenete al gruppo, su questa piattaforma si deve catturare l'interesse di un'azienda che deve investire sul lavoro: da evitare quindi occhiali da sole, pose provocanti o indumenti inappropriati; la reputazione deve essere protetta. Si può scrivere un sommario per presentare il proprio ruolo e interessare il selezionatore, si devono descrivere le competenze acquisite e si possono chiedere delle raccomandazioni alle persone con cui si ha già lavorato.

Un buono strumento per dare visibilità ai content creator è "Pulse", una funzione che aiuta a scrivere post e ne aumenta la qualità. È anche possibile pubblicare i post già pubblicati sul blog personale, oppure pubblicizzarli per poi rimandare la lettura del testo completo mediante il link al blog. Gli utenti possono formare gruppi ed unirsi ad essi come negli altri social network, l'importante è sempre partecipare alle conversazioni e commentare per far presente la presenza in rete.

LinkedIn risulta essere la migliore vetrina lavorativa insieme al blog personale del content creator e se curato può portare a numerosi vantaggi per gli altri profili social.

CAPITOLO 8

Il blog personale

Per un Influencer è importante avere un blog personale che riscuota interesse tra i seguaci, libero dalle restrizioni che i profili sui social network impongono.

Come primo passo occorre scegliere la piattaforma web per la creazione del blog e la gestione dei suoi contenuti. In rete sono presenti numerose piattaforme sia gratuite che a pagamento, per alcune non sono nemmeno necessarie particolari competenze tecniche.

Purtroppo, molte di queste non offrono un URL personalizzabile e la scelta dei temi è ridotta, inoltre lo spazio a disposizione potrebbe presentare dei limiti e ci potrebbero essere dei vincoli che impongono all'Influencer di ospitare dei banner pubblicitari.

Wordpress invece, pur essendo gratuito nella versione base, è un software che permette di creare un blog e di aggiornare gli articoli, con molti temi tra cui scegliere, di inserire link ad altri siti, creare pagine di vendita o di iscrizione. Se si vuole anche ottenere un dominio privato, cioè il nome che identifica il blog, o implementare i servizi allora si deve corrispondere una cifra adeguata alle funzionalità aggiunte.

L'hosting, cioè lo spazio web che ospita il blog, può essere gratuito o a pagamento, ma deve avere un'adeguata capacità di archiviazione, velocità e stabilità della linea, caratteristiche che talvolta non sono garantite da quelli gratis, per questo conviene iscriversi ad un servizio a pagamento tra quelli disponibili nel web.

Come nella preparazione del piano editoriale di un profilo social, bisogna definire il target di riferimento, il lessico più opportuno, l'argomento di cui discutere, purché sia qualcosa di interesse dato che l'Influencer dovrà costantemente aggiornarsi. La passione che sta alla base di ogni articolo conquisterà la fiducia dei lettori che cominceranno a seguire l'Influencer.

Non importa che altri abbiano già parlato di quell'argomento, perché significa che è alla moda, basterà offrire contenuti con nuovi punti di vista.

Una volta stabilito il piano editoriale, è sempre importante monitorare i risultati dei contenuti pubblicati, modificandone ed eventualmente valutare se modificare la programmazione.

Per cominciare sarebbe ideale postare almeno 2 articoli a settimana perché più si pubblica, più si ha probabilità di catturare la visita di un utente sul web e inoltre Google premia chi pubblica con regolarità mostrando gli articoli dell'Influencer che segue un programma, quindi per raggiungere l'obiettivo bisogna aver preparato un buon piano editoriale.

Per ottenere visibilità una volta scritti gli articoli sul blog bisogna pubblicizzarli. Esistono molti strumenti a disposizione per farsi notare nel mondo del web, come la SEO, cioè l'insieme di tutte le strategie da applicare per l'ottimizzazione per i motori di ricerca, che mediante l'uso di parole chiave aiuta a posizionare gli articoli in alto nell'elenco di ricerca. La SEM invece fornisce pubblicità a pagamento utile a posizionare in vista gli articoli; questa strategia è più costosa ma i risultati si vedono in tempi più brevi della SEO.

Gli stessi profili social aiutano ad aumentare la visibilità del blog e allo stesso tempo ricevono pubblicità da esso. Anche parlare di articoli pubblicati da altri Influencer o condividerne i contenuti aumenta la visibilità del proprio blog.

Un'altra soluzione può essere ospitare post scritti da ospiti che solitamente pubblicano in blog meno popolari, in cambio si otterrà di essere citati negli altri blog, arrivando anche ad altri lettori.

Una volta raggiunta una certa notorietà si potrà cominciare a guadagnare grazie a banner pubblicitari come ad esempio la piattaforma pubblicitaria gratuita Google Adsense. Dopo essersi registrati si riceve un codice HTML da inserire sul blog, in seguito compariranno in automatico banner pubblicitari che genereranno un guadagno ogni volta che saranno visualizzati o cliccati. C'è anche la possibilità di affiliarsi a siti di e-commerce o vendere spazi pubblicitari direttamente alle aziende e agli altri blogger in cerca di visibilità.

Se un blog ottiene successo alcune aziende del settore potrebbero chiedere di pubblicare a pagamento delle recensioni dei loro prodotti. Da non dimenticare anche la vendita dei corsi di formazione, in quanto tra i lettori del blog potrebbe esserci qualche utente desideroso di imparare i trucchi del mestiere che hanno portato al successo dell'Influencer. I corsi si possono tenere anche online, il che permetterebbe di abbassare notevolmente i costi per chi li organizza e aumentare di conseguenza il guadagno.

In Italia sono molti gli esempi di blog di successo, e alcuni dei loro creatori sono ora diventati personaggi influenti e seguiti in tutto il mondo. Non bisogna scoraggiarsi se all'inizio non si vede subito il risultato sperato perché creare dal nulla un blog con milioni di lettori è impossibile. Bisogna perseverare finché non si vedono i primi risultati, che di solito procedono di pari passo con la visibilità ottenuta nei vari profili social.

CAPITOLO 9

Trappole della rete: come superare gli ostacoli

Abbiamo visto come utilizzare in modo ottimale i più importanti siti di condivisione ad oggi presenti nella rete. Bisogna però cominciare con la consapevolezza che potrebbero anche sorgere dei problemi mentre portiamo avanti i piani per formare una carriera di successo. Sopravvivere alle sventure è più facile quando si è già una personalità affermata, infatti una volta ottenuta una posizione di successo nel web si avranno anche a disposizione dei professionisti che si occupano di risolvere gli inghippi. Ma se si è ancora agli inizi occorre darsi da fare e, se proprio non si possono prevenire, mettere tutto l'impegno possibile per oltrepassare gli ostacoli.

Monitorare costantemente tutti gli account è fondamentale per non incappare in problemi. Quando si comincia a diventare visibili, può capitare di essere presi di mira da hacker che "riproducono" il profilo dell'utente e sfruttano i suoi follower come territorio di caccia per truffe o furto di informazioni. Per poterci riuscire, aprono un account arricchito dalle stesse foto dell'influencer, copiate dai vari profili o dalle foto pubblicate, dal nome simile (ad esempio se si tratta di Instagram) o anche uguale (come ad esempio in Facebook), poi copiano la lista dei follower dal profilo o da un vecchio post con giveaway (questo infatti è un tipo di post a cui tutti i follower rispondono o lasciano un commento), scrivono ai follower messaggi personali, come ad esempio "questo è il mio nuovo profilo, nell'altro non riesco più ad entrare, seguimi!", e li raggirano con richieste di dati personali, di carte di credito, di password personali, in breve cercano di carpire con l'inganno quante più informazioni possibili. A volte sono molto credibili, infatti per questi truffatori è un vero e proprio mestiere. Anche se circolano spesso avvisi pubblicati dalle autorità competenti che ricordano agli utenti del web di non rilasciare informazioni personali, su una lista follower di centinaia o migliaia di persone può esserci sempre qualcuno che sovrappensiero cade nella trappola. I profili falsi si riconoscono da quelli originali per la scarsità di post pubblicati e la poca attività. Ecco perché continuare a interagire riduce il rischio che qualche fedele seguace creda a messaggi personali che provengono da un secondo account dell'Influencer. A volte sono gli stessi follower/amici che avvisano l'influencer, perché si instaura anche un rapporto d'amicizia e fiducia, per cui bisogna prestare molta attenzione ad ogni messaggio. Nel caso, dopo aver informato la polizia postale, bisogna utilizzare i canali ufficiali per avvertire tutti i follower della truffa e chiedere loro di bloccare subito la falsa persona ed eventualmente avvisare gli amici di non accettare questa nuova amicizia. Se non si agisce repentinamente il danno d'immagine può portare a perdite di incarichi e di compensi.

Un altro problema da affrontare riguarda quegli Influencer che rilasciano recensioni: è importantissimo aver davvero provato il prodotto che si sta pubblicizzando. Se la recensione è fatta senza partecipazione, l'utente lo percepisce. Sentirsi consigliare un acquisto e poi ritrovarsi con un prodotto che non si sa come usare o quali sono i suoi pregi e difetti, non è piacevole e fa allontanare il cliente finale. Non è nemmeno giusto mentire per vendere. Nel breve periodo si ottiene una commissione sul prezzo, ma, se questo fa perdere la fiducia che chi segue l'Influencer ha in lui, nel lungo periodo causa la perdita dei followers e della reputazione. Questa perdita è irrecuperabile, quindi serve sempre la massima sincerità. Meglio non accettare un incarico se questo va a minare la credibilità con il pubblico, piuttosto occorre scegliere meglio il brand da rappresentare.

Un altro aspetto da tener presente sono le

sanzioni dovute a sponsorizzazioni non dichiarate. Così come in televisione compare in sovraimpressione la dicitura "messaggio promozionale" o "nel programma sono presenti inserimenti di prodotti a fini commerciali", anche negli annunci pubblicitari degli Influencer si deve dare notizia del carattere commerciale di un post. Questo si può fare mediante l'utilizzo di hashtag rivelatori come ad esempio #spon, #ads o #partner. Non usarli significa produrre un messaggio ingannevole che l'autorità può multare, mentre utilizzarli non crea un danno all'Influencer, quindi è sempre meglio inserirli.

Riguardo l'acquisto di follower, va ricordato che sono in commercio programmi in grado di calcolare e rivelare all'azienda se un Influencer ne ha fatto uso, quindi è meglio evitare certi comportamenti e puntare di più sulla qualità che sulla quantità.

Per concludere, esiste un ultimo ostacolo da superare per navigare in rete: l'invidia. Nonostante i tempi siano maturi ormai per questa attività e da anni il marketing online sia necessario alle aziende quanto i mezzi tradizionali, ci sono ancora persone che ritengono che l'Influencer non sia un lavoro vero. Queste persone ritengono che il lavoro sia quello che si fa in fabbrica, o in ufficio, o guidando un mezzo. Se si parla con loro, passare il proprio tempo sui social corrisponde ad una perdita di tempo. Non serve a nulla cercare di far capire loro che il lavoro dell'Influencer è vero e per farlo servono delle competenze che non tutti hanno. L'atteggiamento giusto da mantenere è ignorarli, ma soprattutto non farsi abbattere dalle loro parole. La fiducia in sé stessi premierà tutti i sacrifici fatti nei primi tempi.

CAPITOLO 10

Consigli per aumentare la visibilità

Dopo aver esplorato quali problemi potrebbero nascere durante l'attività dell'Influencer, si andrà a considerare alcune azioni utili a far crescere la visibilità degli account dell'Influencer.

Ci sono alcuni comportamenti che possono essere applicati a vari social e allo stesso tempo divieti validi per tutti.

È importantissimo non fare spam e non pubblicare a caso, cercare di conquistare tutti è impossibile, è sempre meglio concentrarsi su un unico argomento come ad esempio moda, viaggi, auto, tecnologia, salute, letture, cibo italiano, palestra, eccetera. In questo modo chi segue continuerà a farlo sempre perché l'Influencer mostra sempre l'argomento d'interesse. Si deve evitare la violenza, le minacce, la scortesia nei commenti, la nudità (soprattutto in Tik Tok), altrimenti si potrebbe essere bannati dalla piattaforma o i contenuti potrebbero non essere più mostrati. Purtroppo, su Facebook gli utenti possono segnalare alcuni post come non pertinenti e il sistema potrebbe renderli non visibili. Non è una azione umana a causare il blocco e per risolverlo serve pazienza, è assolutamente necessario avere contatti con l'assistenza dedicata.

Diventare influencer significa non solo essere presenti online, cioè dedicare il tempo ad attività che riguardano i social, ma anche offline. Proprio come farebbe un brand aziendale, ci sarà bisogno di umanizzare il marchio e l'immagine dell'Influencer, affinché il pubblico senta un vero legame con l'influencer.

Non solo ci si deve informare, ma si deve essere facilmente riconoscibili e simpatici, perché le persone comprano anche in base alle proprie percezioni. Offline è possibile impegnarsi per ottenere questo scopo frequentando eventi del settore; online è necessario partecipare regolarmente a conversazioni che riguardano argomenti di tendenza o che fanno riferimento ad eventi e novità.

Il messaggio di fondo è che è inutile cercare di accrescere l'influenza in un settore se non c'è anche l'impegno di integrarsi in una comunità rendendosi visibili. Essere influenti comincia con l'essere riconosciuti dalle persone, affinché queste abbiano familiarità con il nome dell'Influencer.

I contenuti sono la componente principale di chi vuole fare carriera in questo campo, perciò bisogna assicurarsi che quello che si sta facendo sia fatto bene. Un contenuto è un'opportunità per dimostrare quanto si conosca dell'argomento di cui si è scelto di trattare e può mettere l'Influencer nella posizione di essere ritenuto esperto di un determinato argomento.

Il pubblico potrà emettere giudizi come una giuria e la percezione che si avrà dell'Influencer sarà molto importante per aumentare l'influenza anche in tutto il mondo.

Nel contenuto del messaggio lanciato è importante collegarsi ad elementi o opinioni già diffusi da altri influencer o brand. Questa condivisione di contenuti di altri influencer aiuterà l'utente ad ottenere visibilità e nuove condivisioni social sia sul proprio sito web o blog che nelle stesse piattaforme social utilizzate. Bisogna cercare di accettare le opportunità di collaborazione quando vengono offerte, non solo per avere l'opportunità di esplorare l'opinione di una comunità, ma anche per imparare qualcosa.

È anche necessario offrire qualcosa di diverso rispetto agli altri influencer; per incuriosire il pubblico senza mai alienarsi rispetto all'opinione comune. Se un utente, una volta letti i contenuti pubblicati dall'Influencer, proverà l'interesse e la volontà di continuare a leggere i contenuti che pubblica, allora l'obiettivo di ottenere dei followers sarà stata raggiunta.

La strategia vincente resta l'interazione con i propri followers: rispondere ai commenti, ringraziare, fare domande aperte per mantenere vivo il dialogo. Bisogna saper ascoltare le discussioni per capire la direzione che il pubblico sta prendendo e guidarlo verso un pensare comune. Diventare influencer non significa partecipare a tutte le conversazioni che ruotano attorno a qualsiasi argomento al momento in voga; significa invece condividere le informazioni riguardanti un'area specifica in cui si è competenti e in cui ci si possa esprimere mostrando tutto il proprio coinvolgimento. Quando si è sul punto di interagire è opportuno chiedersi se ci si sta spingendo troppo oltre.

Bisogna essere pazienti, autentici e genuini, perché la creazione di un influencer non è una cosa che avviene in breve tempo. Se l'ascesa è troppo repentina non si avrà una base solida di ascoltatori disposti a seguire i consigli esposti nei contenuti che vengono pubblicati, anche le aziende potrebbero esprimere perplessità nell'affidare i propri investimenti ad una persona che potrebbe non avere la costanza di applicarsi in questo lavoro, oppure può instillare nell'azienda il dubbio che non tutti i quei follower comparsi così in fretta siano persone autentiche.

Per essere un influencer bisogna non solo rimanere tra le tendenze, ma anche far parte delle conversazioni ed eventualmente moderarle o guidarle, perché la gente è molto più propensa a ricordare il nome di qualcuno che ha dato uno spunto di riflessione, piuttosto che una persona che si limita a ripetere quanto detto da altri. È importante avviare le conversazioni e i dibattiti sui social media o pubblicare contenuti su argomenti che non vengono proposti da molti, anche se fossero leggermente controversi. Il coinvolgimento non arriva da solo se si rimane in attesa dell'intervento di altri, inoltre bisogna essere presenti tanto quanto si vorrebbe che i follower fossero attivi nel commentare i contenuti pubblicati. Le persone sono molto più propense ad impegnarsi nel seguire un Influencer se credono che ci sia un'alta probabilità che questo interagisca con loro e dia ascolto ai loro messaggi. Più coinvolgimento significa più visibilità sui siti web e sui social. Man mano che si accresce l'esposizione, aumentano anche le responsabilità e la quantità di controllo da esercitare. Ci saranno sempre più occhi puntati su ciò che fa e dice l'Influencer e sia le persone che le aziende non vedranno l'ora di cogliere un passo falso sia per criticare che per togliere la fiducia dimostrata. Ci sarà sempre la necessità di pensare prima di pubblicare qualunque cosa online; soprattutto da quando è diventata abitudine comune fare le foto alle schermate e condividerle, infatti il post o il video può essere cancellato ma la schermata acquisita continuerà a circolare come prova. Si deve quindi esser certi di postare contenuti adeguati, per farlo basta riflettere sull'appropriatezza e coerenza del contenuto, e se mantiene la linea dei contenuti degli altri influencer e in generale se rispetta le regole del social su cui è pubblicato.

Indipendentemente dall'argomento in cui è specializzato, l'Influencer deve sapere che le cose sono in continua evoluzione. Di conseguenza, se si vuole essere considerati delle figure influenti, sarà necessario continuare ad acquisire conoscenze per essere sempre competenti. Le informazioni e le opinioni fornite ai follower non devono essere reperibili da nessun'altra parte, altrimenti manca una delle funzioni principali che deve espletare l'Influencer, e il follower potrebbe cominciare a seguire qualcun altro.

Il guadagno, almeno all'inizio, dovrebbe essere visto come uno degli obiettivi a lungo termine, quasi come un extra nel breve periodo. Il solo scopo di ricavare un profitto potrebbe indurre a prendere scorciatoie come comprare i follower o i like, ma le aziende sono ben attente a non investire su chi non offre un beneficio certo.

Nello stesso tempo in cui si fa crescer il proprio seguito, bisogna coltivare nuove conoscenze e seguire il prodotto o le aziende che vorremmo affascinare, creando anche dei legami con altri influencer.

Mantenere attivo un account su diversi social aiuta ad arrivare ad un pubblico più vasto. Si possono anche collegare per aumentare il seguito, ma non soltanto inserendo il link ad un altro social nei post, perché abbiamo visto in precedenza che questa tattica in alcuni social penalizza i post o contenuti pubblicati facendoli comparire in una posizione bassa nell'elenco di ricerca. Ad esempio, si può creare un giveaway, cioè un concorso a premi di breve durata, su Instagram in cui per partecipare l'utente deve: A) seguire la pagina, B) taggare 3 amici e C) commentare. Ad ogni commento seguirà l'assegnazione di un numero che identificherà il partecipante. Questo farà sì che per ogni partecipante siano presenti al minimo un commento del partecipante e un commento dell'amministratore, mentre nelle pagine personali di ogni partecipante e persona taggata sarà presente traffico di contenuti; molte volte gli utenti usano i commenti per fare domande sul concorso, aumentandone involontariamente la visibilità. Nello stesso tempo su Facebook viene pubblicata nelle Storie la pubblicità del giveaway con il link che rimanda a Instagram. La storia è visibile per 24 ore, ma essendo il concorso di durata identica nessun utente che legge la storia sentirà di aver perso l'opportunità di ricevere il premio e vorrà compiere le azioni richieste nel minor tempo possibile. Nelle storie o nel testo del concorso è bene rendere pubblico il modo in cui si effettuerà il sorteggio. Sono presenti in Internet numerosi programmi di facile utilizzo anche gratuiti che simulano le estrazioni, così da non creare insoddisfazione.

Al termine del giveaway, l'estrazione può essere pubblicata con un breve video nelle Storie di Facebook, ogni partecipante ma anche ogni persona taggata sarà curioso di vedere l'estrazione del vincitore e insieme alla storia si interesserà dei contenuti pubblicati. Poi con un post pubblico in entrambe le piattaforme si dichiara il vincitore. Non è importante che il premio sia di valore, basta che sia un oggetto di interesse del target. Una volta creato il primo giveaway, è opportuno continuare periodicamente a pubblicarli, per aumentare l'aspettativa, l'importante è che conservi le stesse caratteristiche del precedente. Quanto descritto nell'esempio può funzionare anche per altri abbinamenti di social. Si può condividere un video su YouTube in cui si parla del giveaway pubblicato altrove, o anche creare un concorso su Facebook in cui, oltre a soddisfare i requisiti citati sopra, si deve anche dare la risposta ad una domanda che è stata fatta nel post/video/tweet del giorno prima, e farlo mediante commento pubblico al post del concorso. Più richieste incrociate vengono fatte, più l'utente dovrà impegnarsi per ottenere il premio, quindi, fermo restando che le regole per partecipare ad un concorso devono essere chiare ed esaustive, si deve stare attenti a non sovraccaricare l'utente, perché la linea che separa un sano divertimento dalla percezione di "dover lavorare" a volte è molto sottile.

In conclusione, ogni interazione causa nuove visualizzazioni e presto si potrà indirizzare il proprio pubblico verso l'acquisto dei prodotti d'interesse delle aziende.

Ora che abbiamo considerato i vari aspetti di questo affascinante lavoro, possiamo vedere in che modo si può far fruttare la popolarità ottenuta.

CAPITOLO 11

Guadagnare con Amazon: il Programma Affiliazione

Oltre a inserire spot pubblicitari nel proprio blog, si possono ottenere dei guadagni mediante l'affiliazione ad un sito di e-commerce.

Grazie all'Influencer Program di Amazon si può creare una pagina personale su Amazon e personalizzarla con tutti quei prodotti che vengono descritti nei post o video. Si tratta proprio di un URL *amazon.it/shop/nome* che, oltre a promuovere la propria presenza sul sito di e-commerce, permette di comunicare con i follower. L'URL viene generato automaticamente in base al nome presente sui social. Una volta creato può essere modificato soltanto se cambia il nome del canale YouTube dell'Influencer o se, osservando i vari account social, si noti che un diverso account ha un maggior numero di follower. In quest'ultimo caso conviene che l'URL corrisponda al nome dell'account che ha maggior pubblico. Per la modifica è necessario contattare l'assistenza Amazon e spiegare la ragione della richiesta di cambio URL.

Ogni volta che un cliente visita la pagina e fa acquisti su Amazon, consente all'influencer di ricevere le commissioni.

Per far parte del programma bisogna soddisfare alcuni requisiti, che sono in continuo aggiornamento, quindi se in un primo momento non si risulta idonei si può riprovare poco tempo dopo. Questo programma è un'estensione del Programma di Affiliazione, quindi anche per chi ha già uno o più ID negozi è possibile partecipare.

Per cominciare il profilo deve essere pubblico: in questo modo si riceverà il badge di verifica, il link alla vetrina personale, si potrà scrivere recensioni e pubblicare con Spark. Il profilo pubblico riunisce in un'unica pagina i link alle piattaforme social, biografia e contenuti recenti comprese le recensioni, domande e risposte,

Liste di Idee e il link alla propria pagina Influencer. È presente anche la funzione "segui" che permette ai clienti di seguire sia il profilo che il negozio, questo fa sì che ogni volta che viene pubblicato un contenuto o una recensione il cliente riceva una e-mail d'avviso.

Se nel corso del tempo l'influencer volesse modificare, cancellare o aggiungere i link ai social, potrà farlo agendo dalla pagina del profilo pubblico.

Se il pubblico fosse internazionale, si può partecipare al programma anche negli USA, Canada, India, Regno Unito, Germania, Francia e Spagna.

Una volta attivato il programma, è utile creare una o più "Lista di Idee". Per farlo bisogna accedere alla visualizzazione affiliato e scegliere un nome per la lista e creare una descrizione. Dal proprio profilo si può anche decidere quali liste pubblicare o eliminare, perché sono collegate alla vetrina Influencer. Una volta creata si possono aggiungere gli oggetti tramite ricerca per nome o direttamente dalla pagina del prodotto e ad ognuno si possono anche aggiungere dei commenti, per aiutare i follower a scegliere l'acquisto migliore.

Purtroppo, non si possono aggiungere prodotti che non siano in vendita su Amazon, quindi nel caso l'oggetto non fosse disponibile sarà necessario selezionarne uno simile.

Se i post dell'Influencer consigliano un singolo prodotto, invece di rimandare alla lista è meglio inserire direttamente il link alla pagina del prodotto.

Si possono caricare anche delle immagini sulla pagina Influencer, l'importante è che abbiano dimensione massima 5 Mb, larghezza minima 105 pixel e risoluzione minima 72 dpi.

Una volta creata la vetrina, bisogna dirigere i follower verso l'URL Amazon sfruttando i social media. I clienti si aspettano i migliori prodotti dal proprio following e quindi servono argomenti di qualità.

Su Instagram si può presentare il prodotto

consigliato mediante foto e post, inoltre in ogni post si può ricordare che nella biografia è presente il link alla pagina influencer di Amazon. In questo modo tutti i post rimandano alla pagina senza dover inserire il link ai singoli post. Le Storie sono un ottimo modo per attirare l'attenzione, ma per superare il limite delle 24 ore di visibilità è ora possibile usufruire della funzione Storie in evidenza: in questo modo le storie restano disponibili finché l'influencer non decide di eliminarle.

Su Facebook si può aggiungere il link alla pagina Influencer nel proprio profilo alla sezione Informazioni. Inoltre, sotto l'immagine di copertina è possibile aggiungere un pulsante "Acquista ora" che invia l'utente direttamente alla pagina Influencer. Nei post relativi ai prodotti può essere inserito sia il link al singolo prodotto che il link alla pagina.

Anche su questa piattaforma usufruire della visibilità delle Storie è un valido mezzo per mostrare prodotti e ricordare ai follower dove possono trovare tutte le informazioni.

Su Twitter è possibile aggiungere il link alla pagina Influencer nella biografia. Dato che i Tweet sono brevi, potrebbe non essere possibile inserire il link alla pagina nel corpo del testo ma si può comunque rimandare alla biografia.

Su YouTube l'URL personale va inserito nella sezione informazioni del proprio canale, ma c'è la possibilità anche di menzionarlo nella descrizione dei video. Al termine del video inoltre l'influencer potrebbe mostrare un banner pubblicitario che indica la pagina personale.

Qualunque sia il mezzo scelto per comunicare un link d'affiliazione, è importante segnalare al pubblico di cosa si tratta. Causerebbe davvero una delusione per il follower scoprire di essere finiti su una pagina di e-commerce senza volerlo e senza sapere perché. Bisogna quindi essere chiari e semplici nell'indicare dove porterà un link, anche perché l'accordo con Amazon impone che si segnali sulla pagina personale che gli acquisti idonei producono commissioni all'Influencer.

CAPITOLO 12

Guadagnare con Amazon Fase 2: come ricevere le commissioni sul venduto

Abbiamo visto come creare la pagina e pubblicizzarla nei vari social frequentati dai follower. In seguito, si dovrà controllare se i link funzionano e sono sempre attivi.

A volte i prodotti di Amazon non sono più presenti in catalogo perché non più disponibili o ne esiste una nuova versione. Il follower che clicca il link pubblicizzato in un post viene rimandato quindi ad una pagina inesistente. L'influencer deve controllare se i link sono sempre attivi in modo da poter evitare questo imprevisto, sia perché questo causa la perdita immediata di vendita, in quanto il follower chiude subito la pagina e torna a navigare in rete senza aver acquistato nulla, sia per il calo di fiducia a lungo termine del follower verso l'Influencer, in quanto un link non funzionante può anche esser percepito come presa in giro o indice di un lavoro svolto con poca serietà. Sarà compito dell'Influencer ricercare un prodotto simile e sostituire i link non più attivi, oppure avvisare i follower del malfunzionamento del sito o che presto sarà pubblicato una recensione sul prodotto che ha sostituito quello non più presente, ecc.

Esiste un'altra restrizione che Amazon può applicare: se un fornitore stipula un contratto che vieta di condividere i link ai loro prodotti o di fornire contenuti agli Affiliati, l'Influencer non riuscirà a creare il link diretto. La vendita produce comunque una commissione se è registrato un acquisto idoneo, per cui l'Influencer che ha pubblicizzato il prodotto non perde il proprio guadagno.

Per creare i link direttamente dal sito Amazon verso qualsiasi pagina Amazon e condividerli sulle piattaforme social è presente lo strumento Site Stripe, che evita all'influencer di accedere ogni volta alla pagina del Programma Affiliazione.

Per trovare spunti per i contenuti da proporre, l'influencer ha a disposizione la funzione "Centro di Idee", grazie alla quale può trovare raccolte le promozioni, gli eventi e le offerte senza dover perder tempo a navigare tra tutte le centinaia di promozioni in costante aggiornamento.

Le commissioni pubblicitarie, determinate in base al prezzo di vendita di ogni oggetto e non sul prezzo di listino, sono accreditate all'Influencer ogni volta che un utente dal sito dell'Influencer clicca un link che rimanda ad Amazon, acquista un prodotto e ne viene effettuata la spedizione. Questi link tracciati sono validi se conducono ad una qualunque pagina di Amazon, sia che si tratti di singoli prodotti, dei risultati di una ricerca, o altro.

La differenza nella tipologia di link però porterà ad una diversa metodologia di calcolo della commissione, questo perché se il link che offre l'Influencer porta alla pagina di un prodotto, Amazon calcola che l'acquisto sia diretto, mentre se il link porta ad altre pagine come ad esempio la home o un elenco di ricerca, Amazon calcola che l'acquisto sia indiretto. Se il link porta direttamente alla descrizione di un oggetto, ma l'utente invece di acquistare quello naviga nel sito e ne sceglie un altro, la commissione sarà calcolata come acquisto indiretto. La percentuale di commissioni varia anche a seconda della categoria del prodotto acquistato dal cliente, ma può variare dal 3% al 10% per Amazon Italia. Se il target dei follower proviene da altre nazioni, bisogna anche fare attenzione che i link rimandino al sito Amazon della nazione di provenienza, questo perché le percentuali di commissioni pubblicitarie sulle vendite varia a seconda della nazione.

Una cosa importante da ricordare è che una piattaforma di e-commerce non gradisce che si pubblicizzino le offerte di prodotti gratuiti, come ad esempio gli ebook gratis. Quindi, per disincentivare queste pubblicità ed evitare che gli influencer ne condividano i link, Amazon ha stabilito che se i link speciali presenti sul sito dell'affiliato generano vendite della quantità di più di 10.000 di ebook kindle gratuiti oppure se più dell'80% del totale degli ebook non sono a pagamento, allora non elargirà commissioni nel mese corrente.

Il cliente che fa acquisti giungendo su Amazon da un link di un affiliato, deve aggiungere i prodotti al carrello entro 24 ore. Se l'ordine è concluso oltre le 24 ore, la commissione è comunque valida ma sarà accreditata solo dopo che l'ordine sarà stato spedito e pagato. Se però il cliente rientra in Amazon dal link di un altro affiliato e conclude l'ordine, non si percepisce la commissione. La commissione inoltre non viene pagata se l'acquisto è fatto da un familiare dell'influencer o da lui stesso, questo in quanto il programma è pensato per premiare chi pubblicizza i prodotti Amazon e non per offrire sconti personali. Quindi se un cliente o un amico chiede all'affiliato di effettuare un ordine a suo nome e l'influencer per comprare il prodotto entra sul sito attraverso il link da lui creato, allora non sarà calcolata nessuna commissione. Amazon non pubblica la lista completa dei criteri utilizzati per stabilire quali acquisti non devono generare le commissioni, proprio per evitare che questi criteri vengano aggirati per ottenere un pagamento di commissioni su degli acquisti di natura personale.

Quando un utente effettua un acquisto, ha sempre il diritto di restituire la merce non conforme, perciò su tali vendite Amazon non paga le commissioni. Se però dovesse capitare che la restituzione avvenga dopo che le commissioni siano già state accreditate all'Influencer, allora Amazon richiede la restituzione della cifra. Non bisogna pagare di tasca propria, Amazon semplicemente scalerà il debito dalle commissioni che avrebbe dovuto pagare nei mesi successivi.

Le commissioni possono essere pagate con

assegno, Buono Regalo Amazon.it oppure bonifico su conto corrente dopo 60 giorni dalla fine del mese in cui sono state registrate. In Italia è obbligo emettere fattura se il guadagno supera una certa soglia, ma per aver la certezza di adempiere a tutti gli obblighi fiscali è bene esporre la situazione finanziaria e lavorativa al commercialista di fiducia entro il termine di 60 giorni dal ricevimento del primo pagamento.

CAPITOLO 13

Guadagnare con le aziende: le piattaforme di Influencer Marketing

Se fino a pochi anni fa le aziende sceglievano un portavoce per i loro prodotti basandosi su criteri personali, ad oggi i criteri utilizzati sono analitici, cioè contano non solo i follower ma anche la capacità di coinvolgimento e la qualità dei post, e criteri semantici, cioè l'azienda tiene conto delle parole chiave e delle idee che vengono trasmesse nei messaggi. In breve, una società che sta per investire in una singola persona piuttosto che in una campagna pubblicitaria televisiva o radiofonica deve tener conto della copertura mediatica, dell'attività sui social e della stima di crescita che si tradurrà in guadagni.

Per promuover sul web un brand, una linea di prodotti o un'iniziativa, l'Influencer prepara una serie di contenuti in accordo con la società sponsor. Ad esempio, può pubblicare recensioni e video tutorial che illustrano come si usa un prodotto, oppure condivide foto o video in cui ci sono gli oggetti in questione. L'Influencer cerca poi di coinvolgere i followers in conversazioni per condurre l'attenzione degli utenti sul prodotto e farne parlare nei commenti, in un passaparola di proporzioni inimmaginabili.

A volte l'obiettivo che l'azienda persegue è un consolidamento d'immagine, mentre altre volte l'obiettivo è far sì che i follower acquistino dei beni, trasformando i seguaci in clienti del brand. Spesso per ottenere questo l'Influencer utilizza offerte speciali, sconti e coupon, validi per un periodo di tempo determinato, pubblicizzati dai content creator sui propri canali social.

Un Influencer viene quindi pagato in base alla quantità di post sponsorizzati, di visualizzazioni, di commenti, di like, di condivisioni, e in base alle commissioni sui prodotti venduti.

Per favorire il contatto tra aziende e Influencer sono attive delle piattaforme di Influencer Marketing, oppure, in alternativa, gli Influencers possono anche proporsi direttamente alle aziende, anche se spesso questo approccio non è il preferito delle aziende, o affidarsi ad agenzie di Influencer Marketing.

In rete sono presenti numerose piattaforme di Influencer Marketing, cioè piazze virtuali in cui instaurare rapporti lavorativi e trovare possibili partner per le collaborazioni.

Facebook ha recentemente lanciato "Brand Collabs Manager", un marketplace che aiuta brand e influencer a incontrarsi, reperire informazioni sul partner e creare un contatto che può sfociare in una proficua collaborazione. In dettaglio, all'interno del programma l'azienda deve definire il target di riferimento, poi può visualizzare gli Influencer per cercare quelli che hanno un pubblico che coincide con il target. La ricerca del target è basata su quanto il content creator ha inserito nella biografia. È importante ricordare che l'azienda può vedere anche il settore, il numero di follower, la percentuale di Audience, i marchi con cui ha già lavorato e molti altri dati per poter effettuare la sua scelta, come ad esempio la media delle visualizzazioni di più di 3 minuti dei post. Gli Influencer che hanno messo il "mi piace" alla pagina dell'azienda compaiono nella lista dei risultati, avvantaggiandosi rispetto a chi non ha espresso la preferenza per nessuna azienda. L'azienda può anche inserire il content creator tra i preferiti per controllare la sua attività nel tempo prima di sceglierlo. Grazie a questo sistema, tra le parti che intendono stipulare un contratto si possono condividere anche le statistiche.

A questo punto al selezionatore non rimarrà che inviare una e-mail all'Influencer scelto. Questa piattaforma non rappresenta un'agenzia, in quanto fornisce solo i mezzi per mettere in contatto le parti e non si occupa di nessuna pratica successiva all'invio della e-mail che dovrà essere fatta al di fuori di Facebook.

Altre famose piattaforme di Influencer Marketing, offrono diversi servizi come ad esempio "Coobis", su cui ci sono opportunità per inserzionisti, editori ed influencer. Su "SocialPubli" l'Influencer deve inserire ad esempio i dati riguardanti i social che utilizza o quali sono gli interessi del pubblico, ma una volta creato il profilo si viene contattati direttamente dagli inserzionisti e le condizioni del contratto sono sempre visibili in precedenza; una volta finita la campagna poi la piattaforma mostra i vantaggi ottenuti.

Su "Blog meets brands" si può formare una collaborazione proficua tra blogger e brand: la piattaforma permette all'Influencer di scegliere i brand di interesse e non si verrà mai contattati da altre aziende che non interessano.

"Bran Tube" predilige invece la comunicazione video: è quindi l'ideale per quegli Influencer che producono gran parte del traffico social su YouTube, infatti sceglie Influencer che hanno all'attivo più di un milione di followers ed è programmata per generare un guadagno anche per YouTube.

Creando un account sulla piattaforma

"Buzzoole" si possono inserire tutti i profili social in modo che i brand possano considerarli.

Diverso invece il principio regolatore di "Octoly", in quanto sono gli Influencer a scegliere i prodotti delle aziende che vorrebbero pubblicizzare, in seguito le aziende inviano alcuni tester da provare e recensire. Questa è la piattaforma adatta per chi basa i suoi contenuti sulle recensioni o sui video tutorial, in quanto ottiene il materiale dall'azienda senza doverlo acquistare ogni giorno.

Per i micro-Influencer sono ottimi "Hivency", "Open Influence", "LovBy" e "Virality".

Hivency è una piattaforma il cui scopo è aiutare i brand ad accrescere la visibilità. L'Influencer, dopo essersi iscritto e aver collegato i vari social utilizzati, pubblica i contenuti nell'ottica di ottenere prodotti e servizi gratuiti da parte del marchio. L'azienda utilizza questo servizio perché Hivency fa uso di un sistema di abbinamento tra influencer e brand molto accurato, fornendo informazioni anche sui follower prima della stipula del contratto. In questo modo un Influencer che ha ottenuto successo mediante account falsi viene automaticamente escluso dalle ricerche dei brand, dato che i loro account non hanno dati personali come posizione, genere ed età. Altre caratteristiche valutate sono il tasso di coinvolgimento, di attività, i feedback di altre collaborazioni. La piattaforma gestisce l'intero processo di collaborazione, seguendo anche la campagna di marketing.

"Open Influence" è da qualche anno il nuovo nome della piattaforma "InstaBrand", che offre un luogo d'incontro tra marchio e content creator, un controllo sulla conformità, segue la contrattazione, la produzione di contenuti e gestisce gli eventi di promozione.

"Lovby" è una piattaforma facilmente usufruibile dall'Influencer. Si può effettuare la registrazione mediante connessione con l'account Facebook per esempio, per poi collegare anche gli account Twitter, Instagram e YouTube. L'attività del sito si basa su un sistema di missioni che l'Influencer deve completare per poter ottenere dei "lovies", i quali possono poi essere convertiti in premi. Inoltre, è presente uno spazio in cui alcuni famosi brand possono proporre delle campagne di marketing. Le missioni possono richiedere di postare una foto particolare su Instagram, oppure creare una storia con certi hashtag, provare un prodotto e lasciare una recensione. Le regole della missione sono specificate nell'elenco missioni ed è importante che tutte vengano rispettate per poter ottenere l'accredito dei premi.

"Virality" permette di preventivare il prezzo del post che si andrà a pubblicare, per le aziende ricerca l'Influencer giusto, segue la campagna, analizza i dati e si occupa della fatturazione.

CAPITOLO 14

Guadagnare con le aziende: vita da freelance

Nei capitoli precedenti abbiamo visto come associare l'Immagine dell'Influencer a marchi o a siti di e-commerce come Amazon e sfruttare la visibilità ottenuta sui social per ricavare un guadagno, ora invece esploreremo un'altra opportunità concreta per chi ha fatto del web marketing un'occupazione. L'Influencer alle prime armi di solito lavora come un libero professionista, non è il dipendente di un'azienda che riceve uno stipendio mensile, deve cercare sempre una campagna o un marchio per cui pubblicizzare i prodotti, per cui di fatto lavora per diverse società. I freelance, il cui nome deriva da quando nel medioevo i mercenari offrivano la loro "lancia" al miglior offerente ed erano fedeli al signore solo per il periodo dell'ingaggio, di ogni categoria, che siano grafici, programmatori o esperti di social media, utilizzano alcune piattaforme per la ricerca di lavoro. Queste non sono come le piattaforme di Influencer Marketing, specializzate sulla figura del content creator, ma sono comunque utilissime per cominciare a formarsi una reputazione e cominciare a lavorare nel campo marketing.

Registrarsi su queste piattaforme è semplicissimo, vedremo le più famose.

"Freelancer" è una delle più utilizzate, in quanto permette ai datori di lavoro di pubblicare un'offerta, con descrizione e budget, e chiunque può presentare una proposta con relativo compenso. Il datore di lavoro confronta le proposte ricevute e tramite messaggi conversa con i vari freelance per accordarsi riguardo al tipo di lavoro, il compenso, i tempi e tutte le altre questioni necessarie a stabilire una collaborazione. Se si è scelti, si completa il progetto e si può venir pagati tramite il sito in diverse valute. I fondi possono essere in un qualunque momento trasferiti sul proprio conto, ma "Freelancer" trattiene una commissione, di cui è importante tener conto quando si formula la nostra proposta. Una volta creato il proprio profilo si deve quindi esplorare l'elenco dei progetti cercando come parole chiave ad esempio Influencer, social media manager, content creator, web marketing, e proporsi a tutti i lavori di interesse. Va ricordato che se tutte le proposte vengono accettate, bisogna considerare bene i tempi di consegna, infatti curare in una settimana un progetto invece di cinquanta fa molta differenza. Al termine si può anche rilasciare un feedback al datore di lavoro e l'Influencer ne riceverà a sua volta uno, che i futuri collaboratori potranno vedere per valutare la vostra affidabilità.

Un'altra piattaforma è "Upwork", che come "Freelancer" si basa sull'incontro tra i collaboratori mediante risposta ad un annuncio e proposta di compenso. La registrazione è gratuita e si possono aggiungere al proprio profilo anche i link ai profili social, per presentare la propria professionalità al meglio.

Quando si cercano i progetti di lavoro, è presente anche la funzione "salva" per poter continuare a scorrere l'elenco e magari rivedere in un secondo momento gli incarichi di maggior interesse. Anche in questa piattaforma viene trattenuta una percentuale sul prezzo totale del budget, per cui è bene tenerne conto nel formulare la risposta ad un progetto di lavoro.

Un'altra piattaforma simile è "Freelanceboard", che offre all'Influencer una registrazione gratuita e la ricerca di nuovi progetti ogni giorno. Per poter approfittare di tutte le funzionalità del sito viene richiesto però un abbonamento mensile o annuale, che per chi è alle prime armi non è molto conveniente, ma per chi ha già un'attività ben avviata non rappresenta un ostacolo.

Esistono davvero tantissime opportunità come questa, come ad esempio "Fiverr", "Addlance", "Twago", "Starbytes" ed altre, in cui ci si può registrare per rendersi visibili.

Sta poi all'Influencer cercare quella più appropriata al suo scopo, in modo da non perdere troppo tempo ogni giorno sulle piattaforme e sottrarre momenti preziosi alla preparazione dei post da pubblicare sui social.

Sono invece sconsigliate le piattaforme di ricerca di lavoro come "Infojobs", "Jobfinder", "Indeed", "Monster", "Jobrapido" e altre simili in quanto le aziende che pubblicano lì i loro annunci non sono interessati al mondo del Social Marketing se non nella prospettiva di un collaboratore fisso aziendale. Per l'Influencer sarebbe una perdita di tempo scorrere quelle offerte.

Uno strumento davvero utile per la gestione del lavoro è la piattaforma "Logiko". Creata da una start up italiana, il programma collega tutti gli account e analizza i dati necessari ad ottimizzare l'attività, offrendo al lavoratore autonomo le stesse opportunità di analisi che avrebbe un'azienda strutturata. Il servizio è a pagamento e offre diversi abbonamenti in funzione dei servizi di cui il professionista ha bisogno, ma si può effettuare una prova gratuita di 14 giorni per poter valutare se fa al caso dell'Influencer.

Il funzionamento è semplice, in quanto tutti i canali social vengono connessi alla piattaforma e in pochi minuti il programma può effettuare le analisi. Per la registrazione viene richiesto nome ed e-mail, in seguito si possono connettere le piattaforme Facebook Ads e Goggle Ads, oltre ai profili social. Ogni account pubblicitario invia poi i dati al programma, che li analizza per fornirci una panoramica. I risultati vengono mostrati in un ordine cronologico, per poter controllare come il lavoro si evolve nelle settimane e poter migliorare immediatamente nei campi più critici. All'interno del sito si possono poi visionare diversi pannelli di controllo che mostrano analisi del target come età, genere, regione geografica, e molto altro.

Si può anche confrontare la propria campagna pubblicitaria con altre messe in opera dai competitori per capire cosa può essere migliorato.

La piattaforma è piuttosto giovane, quindi cresce nelle funzioni in base a ciò che i clienti chiedono e di cui hanno bisogno. Questo può essere molto utile all'Influencer in quanto se avesse bisogno di particolari funzionalità o servizi può concordare tempi e costi con i programmatori. Questo servizio diminuisce il tempo che serve all'Influencer per controllare i dati su tutti i suoi social e gli permette di dedicarsi con più attenzione al miglioramento dei contenuti. Da non dimenticare anche l'assistenza fornita sia per gli eventuali problemi legati all'uso del software, sia per l'interpretazione dei risultati. I costi partono da 39 euro al mese per il piano base fino ad arrivare ai 99 euro al mese per le funzionalità più complesse, mentre per le richieste personalizzate viene offerta una tariffa variabile. In conclusione, sono davvero tanti gli strumenti a disposizione per poter lavorare in serenità al proprio progetto di marketing: dalle piattaforme digitali di ricerca di lavoro, alle offerte di affiliazione dei siti di e-commerce, ai programmi gestionali che facilitano i processi di studio delle prestazioni. Qualunque mezzo un Influencer decida di utilizzare, potrà cercare di ottimizzare il suo operato grazie a queste piattaforme. A questo punto non resta che cominciare a pensare al proprio piano editoriale e cimentarsi nella creazione di contenuti interessanti e stimolanti per il target scelto.